READ

READ

[A JOURNAL OF INTER-TRANSLATION : 2007]

Published by Tamaas and 1913 Books
www.tamaas.org journal1913.org

ISBN 978-0-9779351-4-7
LCCN 2009930490

1913 books are distributed by
Small Press Distribution
www.spdbooks.org

Printed in on acid-free, recycled paper
in the United States of America

ACKNOWLEDGMENTS

The translations collected here were begun during a week-long translation seminar held at Reid Hall in Montparnasse in Paris during June of 2007, sponsored by the international arts association Tamaas. The poets worked in pairs, so that each participant was both an author and a translator, underscoring the essential act of writing that unites the two. During the five days of the seminar, the writers translated each other's work on the spot, and then completed the translations in the following months. In this volume, the translated texts are presented first, followed by the authors' untranslated versions.

The 2007 seminar was the third annual such event; the English translations from the first seminar in 2005 can be found in *1913: A Journal of Forms* #2, and the French translations are published in *Action Poétique* #186, the December 2006 issue. The results of the second seminar were published by 1913 Press together in a single volume titled *Read 2006*. The 1913 Press publications are available through the Internet at www.journal1913.org.

The editors would like to thank Tamaas for creating the possibility for this exchange; we would also like to thank Dominique Pujebet, Suzannah Mowris, Brune Biebuyck, and Danielle Haase-Duboscq of Reid Hall, the editors of *1913*, and all the poets and translators who have made this experience a delightful reality for the past four years.

PIERRE JORIS

[TRADUIT PAR HABIB TENGOUR]

1. MANIÈRES (ADAB)

c'est quoi cette manière
je veux dire matière

que tu affiches debout
là dans le désert ?

sors tes mains
des poches

le désert n'a pas de manières
mais beaucoup de poches

cela n'excuse pas
ton manque de savoir-faire

quand il s'agit de partager
cette dernière pincée de

sable chaud et mica
filoches cachées

dans les poches
de ton cœur

5. ÉMERVEILLEMENT ('AJAB)

et tu trouveras
sinon tu t'égareras
égare-toi
pour t'émerveiller

une merveille est une pointe dans la tête
une merveille fend le cœur

chose déjà achevée
nous aveugle pour ce qui reste
à faire.

ah bon, il marche sur l'eau.
Bof.   un miracle en d'autres
mots est une merveille. Ein
Wunder.

Quelqu'un a mal, il est blessé.
un dieu véritable ou un
magicien

Les pains et le vin
aux noces—un truc
chouette qu'on doit

pouvoir produire n'importe où
tout le temps. on peut,
ou pourrait—cette merveille

s'appellerait juste
distribution
des richesses du monde.

11. CAMARADERIE (RIFQ)

nous sommes debout ici
causant

camaraderie
bien que nous n'en

sachions ni la première ni
la dernière lettre

bien que nous soyons
—ou devons être—

au milieu de ce
que Creeley a appelé

la compagnie—ceux
avec qui nous rompons

le pain,
même s'il s'avère

en fin de compte
poisson

empoisonné comme c'est déjà arrivé—
la complicité continue

dans les maillons de la particule com
qui nous relie aux communs

& à un manifeste d'égalité
& nous tiendrons debout

ici dans le vent au coin de la rue
où désert et cité se rencontrent

nous tiendrons debout ici
nos mains dans vos poches

toujours causant même
si quelques-uns d'entre-nous

sont des camarades
spectres maintenant,

comme c'est
notre boulot d'être près

de ceux qui sont partis
porter leurs nouvelles

nous parlerons à travers
leurs voix

nous sommes tout
ce qu'ils ont

laissé—pressés
comme ils

le sont
dans les poings serrés

dans nos poches.

12. ÉMANCIPATION (LITQ)

Ce qui est dur c'est le qaaf
ق final après lit, comment

passer du T—son explosive
finale—pour le ق

qaaf revenir plus en arrière, comment
émanciper une vieille gorge

sclérosée à associer des consonnes
pour en faire d'étranges

partenaires dans un lit
d'air nouveau. Comment respirer

entre, sans pré-
-cipitation, pas de solutions simplistes,

pas de lit propice à la tranquillité,
ré-apprendre à respirer.

15. DISCERNEMENT (TAMYIZ)

ces sacs con-
-cernant ou -venant

espace distendu
sous mes yeux

sont assez affligeants
pour avoir trop

guetté
des différences évidentes

aussi maintenant
refile a l'ouïe

le job
d'apprivoiser la musique animale

un écho de yack assez âgé
oh tellement sinistre

comment ne pas séparer
la brebis des anguilles

chèvres d'hermines de
l'ère post-désertique actuelle

la coulée de dis-
cernement interrompu

par manque de vision
nocturne sur une terre néontisée

planète ruinée
à portée d'œil

cependant inaccessible
saisie comme

dans la lie d'un
manque embourbé de

choses ou d'autres qui
fendront

la volée de bois vert
que nous prenons pour la forêt.

17. EXISTENCE (WUJUD)

1.

si la parole est
une fourchette à trois dents

il a traduit comme ça
"une fourchette à trois dents"

afin que l'existence
littérale de la chose

ne se perde pas
dans sa traduction.

2.

je suis venu ici pousser un cri perçant
ils me disent peut-être

tourmenté que je parte
tonitruant ou humble

mais il n'y a pas de sortie honorable
seulement un naufrage

hors de l'existence ?
un témoignage impossible.

18. ÉNUMÉRATION ('ADD)

noter pour noter, note
après note, pas de fausse

note (il n'y a pas
de fausses

notes dit Ornette)
& je ne pourrais pas m'avancer

moi-même pour dire qu'il n'y a
pas de mots faux

c'est seulement l'ordre dans lequel
ils viennent ou pas

qui peut être faux ou
pas ? comptons

les non et les oui
clopes et clopinettes

de ce comptage.
Il semble que je ne peux pas le faire au-

delà de deux. je peux additionner deux
et deux et ça fait

parfaitement sens mais ça n'est
d'aucune aide. Quel que soit

le chiffre trouvé
c'est celui qui te coince.

20. RESTITUTION (RADA)

Rend-le je l'ai
rendu je l'ai fait je l'ai fait

le caramel volé
l'accord conclu avec

souci erratique : j'ai volé
nada jamais peut-être

bien une bédé une fois
dans une gare   après

l'école   avant que l'argent
pour les livres n'afflue obligeant

la restitution à
ne pas être restitution

ramène-le toi-même
chipe-le secrètement

dans la bonbonnière
le caramel volé

je n'ai jamais pensé au
vol aussi pas besoin

de penser à la restitution mais
le livre je garderai le livre

PIERRE JORIS

[ORIGINAL TEXTS]

1. MANNERS (ADAB)

what is the manner
I mean the matter

with you standing
there in the desert?

Take your hands
out of your pockets

the desert has no manners
but many pockets

which is no excuse for your
lack of know-how

when it comes to sharing
this last pinch of

hot sand & mica
hides as lint

in the pockets
of your heart

5. WONDER ('AJAB)

and you'll find
or wander if you don't
and if you do
wander to wonder

a wonder is a jab in the head
a wonder pries the heart ajar

or is a done thing too often
blinds us to what's left
to do.

so he walks on water.
whatever. a miracle in other
words is a wonder. Ein
Wunder.

Some one sore and wounded.
A real god or wonder-
worker.

The loaves and the wine
at the wedding—a neat
trick but one we'd need

to be able to do anywhere
all the time. we can,
or could—that wonder would

be called just
distribution
of the world's wealth.

11. COMRADESHIP (RIFQ)

we stand here
riffing on

comradeship
tho we don't

know the first or
the last letter

of it. Tho we are
—or have to be—

in the middle of
what Creeley called

the company—those
we break

bread with,
even if it turns

out to be
poisoned

fish as we did that once—
the comradeship goes on

in the particle com links
us to the common

& a manifesto of equality
& we will keep standing

here in the wind on the corner
where desert and city meet

we will keep standing here
our hands in your pockets

always riffing even
if some of us

are spectral
comrades now,

as it is
our job to be close

to those gone
to bring their news

talk through
their voices

we are all
they have

left—squeezed
as they are

in the tight fists
hands make

in our pockets.

12. EMANCIPATION (LITQ)

What's tough is the final hard
qaaf ? after the lit, how to

get from the t—its plosive
air expellent end—to the

qaaf ? way further back, how to
emancipate an old habituated

throat to associate consonants
to make them strange

bedfellows on a bed
of new air. How to breathe

between, without pre-
cipitation, no pat solutions,

no lit conforming ease,
anew to learn to breathe.

15. DISCERNMENT (TAMYIZ)

those bags con-
cerning or -venting

the space slung
below my eyes

are distressing enough
from too much

looking out for
the obvious differences

so now hand
over to the ear the

job's to have to
tame the animal music

an elderly yak echo
oh so forbiddingly

how not to separate
the sheep and the eels

goats and stoats of the
post-desert era of now

the flow of dis-
cernment interrupted

by lack of night
vision on neoned

earth ruined planet
close at hand

yet unreachable
caught as it is

in the dregs of
muddy lack of

something or other
would split

the green wood
we take for the forest.

17. EXISTENCE (WUJUD)

1.

if the talk is
of a three-pronged fork

he translates it as
"a three-pronged fork"

so that the literal
existence of the thing

does not get lost
in translation.

2.

I came here screaming
they tell me maybe

worried that I'll leave
as loudly or lowly

but there is no high exit
only a sinking

out of existence -
an impossible witnessing.

18. ENUMERATION ('ADD)

note to note, note
after note, not a wrong

one among them (there
are no wrong

notes Ornette says)
& I couldn't bring

myself to say there are
no wrong words

it is only the order in which
they come or don't

that can be wrong or
can it? let me count

the nays and the yeas
the means and the beans

of this here numeration.
seems I can't make it be

-yond two. I can add two
and two and it makes

perfect sense but is of
no help. whatever

number you come up with
is the number you're stuck with.

20. RESTITUTION (RADA)

give it back I gave
it back I did I did

the caramel steal
the deal made with

erratic care: I stole
nada never well may

be a comic book once
in a train station after

school before money
for books flowed forced

to make restitution
is not restitution

bring it back yourself
sneak it secretly

into the candy jar
the caramel steal

I never thought of
stealing so did not need

to think of restitution but
the book I'll keep the book

HABIB TENGOUR

[TRANSLATED BY PIERRE JORIS]

CAFÉ MARINE

(LETTERS)

CONSTANTINE, 1 JANUARY 1978

The dream is red that rams the ebony of desire in the evening misunderstanding (why are the keys dirty I soliloquized in the cold of my feet with the sun of January First to caress the bareness of the hunt we must have lost ourselves when we opened the door to become you no longer recognized the things that offered themselves so I'll explain myself

Ulysses is an old movie with Silvana Mangano (emotion) Kirk Douglas and Anthony Quinn. Unfortunately Penelope was not in *Gunfight at O.K. Corral*. That's culture for you. Our childhood was beautiful because we survived it.

As far as the tale is concerned, the gaze does not always spread.

I am writing you these few lines to give you some of our news; we are in good and perfect health and hope it is so for you too.

. . . .

■

It rained when Ulysses landed in Ithaca.

Alone on the shingle beach, he grabbed a pebble and beat his head repeatedly. An adolescent who was bathing nearby came up to him.

Something wrong, mister?

No, thanks . . . My head's a bit heavy

Ah!

He walked up to the Palace.

Homer will say that nobody recognized him, except the old dog. But dogs don't live long enough to recognize their masters.

It was a Holyday and he was allowed in to beg a piece of bread. Only one of the Suitors spoke to him nicely   not that it was the youngest one   but he knew himself to be lost among all the others.

The beggar advised him to leave the place   which he took as an insult. But the stranger made such an impression on him that he was able to escape the massacre.

In Ithaca many things are told concerning this famous day and the Trial of the Bow. But Ulysses had simply said: everybody

out,

this is my Home!

The Suitors were   . . .   by the situation. The beggar had been energetic but that hadn't created an uproar. The Suitors were tired from their wait and

                                                                        Curious

about this newcomer.

What if it really was Ulysses come back to Ithaca?!

That'd be so funny, and they wanted to know what would happen.

(weren't the designs of the gods unfathomable)
Let's split said Antinoüs: if it is Ulysses
We got it coming.
Penelope didn't recognize him   who
Said   you've been a long time coming sweetheart
Ulysses stripped burned his rags and wept into
the flames.

■

What are you looking for? the companions
ask can't you see pain invading
                    our dreams...
, the saliva tastes bitter like the past enchantment
the call of the pumice stones that the caress haunts
Time to go home
She who holds the sailor *of a thousand triCks*
hauntIng
erR
plaCated body/the Journey
strangE like the Return   patiently

Ulysses had left in order to test Absence and after having killed his companions,
he wound up in a vacant lot.

Dawn revealed the dream glum with dew

When he woke to love she had gone beyond the burn in hand

and scoffed at him with her sad smile.

But did she even look at him? You are dead she had said and if you make love to me I'll be sleeping with a corpse; now nothing can happen to me anymore.

(Much later he'll understand what she said and the island's immobile blue that irritated his companions so as to leave him).

Goats scoured the garbage dump.

The shepherd who saw the drifter lying there on the ground offered him a cigarette and turned on his transistor
blaring the news of the world . . .

                                        ■

Many had died for an *empty tunic* and exile dispersed us. Ulysses found an old woman bent over her loom, indifferent . . .
                                        The bitterness of the days,
tirelessly.
Of all the warriors
                            ?
Just a tiff between neighbors
and Shades Ulysses vainly tried to pierce!

                                        ■

Calypso carried the heavy scent
Of all the seas crossed
                    and the sailor watched as she deloused her dreams

Why bring up what were days of nostalgia?

Ulysses was God close to Her who was weeping over forgotten
Garlands

One day the seashell told him the immortality of an odyssey
he asked to go home

■

It's in the No Future bar that Ulysses gets his companions to commit to the break
heavy with desire.

He orders the first round and they drank until closing time. They woke
up bitter days at the tragic weaving of the tale where daily enchantment
                    reveals itself
useless at grasping the innate melancholy of circles.

        At the helm
                    Ulysses
                        exhorted

                            his crew
        to ballast their dreams to the hazardous blue

(to have done with the servitude of breakfast)

■

I'll gratify your gaze Ulysses tells his Companions and you'll see

we'll bend down the moon to polish the lips' trembling with the enchantment of
lavender honey

and the childish spectacle of discoveries to be re-named in our fingers' salty noon

Far from the hurt that hollows the gaze nimble at connecting
Far from dying . . .
What to expect from the Journey the Companions ask

And twenty years later Ulysses came home alone. He went straight to the CAFÉ DE
LA MARINE and after paying
for drinks all around,

I'll gratify your gaze, he says. . . .

∎

The street in a coat of tamed otter-skin
I love you she said

Not even an echo
The pint of beer empty without liking beer

Evenings a muted gaze

Did she know how he loved her

He pronounced her name in a jam-packed
brasserie where nobody took heed of him.

Will she wait for him?

He bit a trembling hand saw
again her wet smile   And

■

. . . . my darling,
Ulysses dreamed the fragility of the trembling foam
         murmur of the days

consumed
An Iliad in the pyre of the toothless hired mourners

The Companions were wise to desire the olive oil to the trade of adventurer

■

Ithaca in the swelling of the chests but Ulysses' eloquence was disturbing in its im-
ages

Rousing

And each one to die in the turmoil of their dew-swollen skins

■

She was in front of him the substitute as echo
He was sailor in the curvature of desire
(we met so as to burn our gazes)

She took his breath in a sleep drenched dawn
He interrogated her body in the despair of ports of call
(we tore ourselves up to meet our dreams)

The Companions grunted under the stick
They groaned the nostalgia of houses of dried mud

. . . don't leave yet

He found timid shadows in the secret of the evocation

She said stay in the beauty of my language
We woke up

■

He said am I still Ulysses
it's been awhile I'm trying to get back
home where my wife waits for me my son and my dog too
perhaps my father too and my good old wet nurse
all of them
over there on Ithaca
languishing for me

She   beloved mortal
aren't you happy to invest my bed
to taste each moment that passes the return
to the same
just as a god does
an immortality your dead
companions would envy you

He says I've aged despite my appearance
I no longer bathe with the same pleasure
It happens that I forget my kin it only lasts

the time of a sigh already I torment myself
isn't it strange that I am here talking to you

She my poor love
what strange torment do you suffer in silence
do you believe I chain you like a miserable
docile dog to my passing whim
of wind then leave
I am divine but a woman and I love to be beseeched

He says I love you but it's not easy for me

She doesn't answer

■

So far away   that there isn't the place
goes against images   they become rare

Light smile thus at the dawn of the encounter

indecisive as in the past

Sailor who dreams in his bottles
of the siren of the headland

HABIB TENGOUR

[ORIGINAL TEXTS]

CAFÉ MARINE

(LETTRES)

CONSTANTINE, LE 1ER JANVIER 1978

Le rêve est rouge qui heurte l'ébène du désir au soir malentendu (pourquoi les touches sont-elle sales soliloquais-je dans le froid de mes pieds avec le soleil du Premier janvier pour caresser la nudité de la chasse nous avons dû nous perdre en ouvrant la porte parce que tu ne reconnaissais plus les choses qui s'offraient lors je m'explique

Ulysse est un vieux film avec Silvana Mangano (émotion) Kirk Douglas et Antony Quinn. Dans le Règlement de comptes à O.K. Corral, Pénélope n'était malheureusement pas présente. C'est la culture qui veut ça. Notre enfance a été belle parce que nous nous en sommes tirés

Pour ce qui est du conte, le regard ne diffuse pas toujours.

Je vous écris ces quelques lignes pour vous faire savoir de nos nouvelles ; nous sommes en bonne et parfaite santé et nous espérons qu'il en va de même pour vous.

....

■

Il pleuvait lorsque Ulysse accosta à Ithaque.   Seul sur la grève, il prit un galet et se frappa la tête plusieurs fois. Un adolescent qui se baignait non loin de là s'approcha de lui.

Quelque chose qui ne va pas, monsieur ?
Non, merci . . . J'ai un peu la tête lourde
Ah !

Il marcha jusqu'au Palais.

Homère racontera que personne ne le reconnut ; le vieux chien seulement. Mais les chiens ne vivent pas si longtemps pour reconnaître leur maître.

Ce jour était Fête et il put entrer mendier un bout de pain. Un seul des Prétendants lui parla gentilment   non pas qu'il fût le plus jeune   mais il se savait perdu au milieu des autres.

Le mendiant lui conseilla de quitter les lieux   ce qu'il prit pour une insolence. Mais l'Etranger lui fit une telle impression qu'il se retira et il put échapper au Massacre.

A Ithaque, on raconte beaucoup de choses sur ce fameux Jour et l'épreuve de l'Arc.

Mais Ulysse avait simplement dit : tout le monde dehors
je suis Chez Moi !

Les Prétendants étaient ...   par la situation. Le mendiant avait été énergique mais cela ne fit pas sensation. Les Prétendants étaient fatigués de leur Attente et

                       Curieux
de ce nouveau venu.
Si c'était Vraiment Ulysse qui revenait à Ithaque ?!
C'était trop drôle, et ils voulaient connaître la suite.
(les desseins des dieux n'étaient-ils pas impénétrables).
On fout l'camp dit Antinoüs ;   si c'est Ulysse nous allons jouir.
Pénélope ne le reconnut pas   qui
Dit   tu as été long mon cœur
Ulysse se dévêtit brûla ses hardes et pleura dans
la flamme.

                             ■

Que cherches-tu ? demandent les Compagnons
ne vois-tu pas la peine envahir
nos rêves ...
, la salive a goût amer comme l'enchantement passé
l'appel des pierres ponces que hante la caresse
Il faut rentrer
Celle qui tient le marin aux mille tours
Inoubliable
R.
Corps désamorcé/le Voyage
Etrange comme le Retour   patiemment

Ulysse était parti pour tester l'Absence et après avoir tué ses compagnons, il échouait dans un terrain vague.

L'aube révélait le rêve maussade de rosée

Lorsqu'il se réveilla à l'amour elle avait franchi la brûlure que contient la main

et le narguait de son sourire triste.

Mais le regardait elle seulement ? Tu es mort avait-elle dit et si tu me fais l'amour
je couche avec un mort ; rien ne peut plus m'arriver maintenant.

(Longtemps plus tard, il comprendra ce qu'elle disait et le
bleu immobile de l'île qui irritait ses compagnons à le
quitter).

Des chèvres fouillaient le dépôt d'ordure.

Le berger qui vit le vagabond allongé par terre lui offrit une cigarette et mit son
transistor
à brailler les nouvelles du monde . . .

■

Beaucoup étaient morts pour une tunique vide et l'exil
nous dispersa. Ulysse retrouva une femme vieille sur
son métier, indifférente...   L'amertume des jours,
inlassablement.
De tous les guerriers

                    ?
Une simple querelle de voisins
et des Ombres qu'Ulysse voulut vainement percer !

■

De toutes les mers traversées
Calypso portait les senteurs lourdes
         et le marin la regardait épouiller ses rêves

Pourquoi évoquer ce qui fut jours à la nostalgie ?

Ulysse était Dieu auprès d'Elle qui pleurait les florilèges
Oubliés

Un jour, le coquillage lui dit l'immortalité d'une odyssée
et il demanda à rentrer

                              ■

C'est dans un bar sans Avenir qu'Ulysse engage ses Compagnons
à la rupture lourde de désirs.

Il commande la première tournée et ils burent jusqu'à la
fermeture. Ils se réveillèrent des jours amers au tragique
tissage du conte où l'enchantement quotidien
se révèle
inutile à saisir la mélancolie innée des cercles.
     A la barre
               Ulysse
                    exhortait
                         l'équipage
à lester ses rêves au bleu hasardeux

(en finir avec la servitude du petit déjeuner)

                              ■

Je vous comblerai le regard dit Ulysse à ses Compagnons
et vous verrez

on courbera la lune à polir le tremblement des lèvres à
l'émerveillement du miel de lavande

et le spectacle enfantin de découvertes à re-nommer
dans le midi salé de nos doigts

Loin de la peine qui creuse le regard agile à se lier
Loin de mourir...
Qu'attendre du Voyage disent les Compagnons

Et vingt années plus tard, Ulysse rentrait seul. Il se dirigea
vers le CAFE DE LA MARINE et après avoir payé
à boire à tout le monde,

je vous comblerai le regard, dit-il . . .

■

La rue dans un manteau de loutre apprivoisée
Je t'aime dit-elle

Pas même un écho
La pinte de bière vide sans aimer la bière

Le soir un regard sourd

Savait-elle comme il l'aimait

Il prononça son nom dans une brasserie
bondée où personne ne fit attention à lui.

L'attendra-t-elle ?

Il mordait une main tremblante   revit
son sourire mouillé   Et

■

. . . . ma bien aimée,
Ulysse rêvait la fragilité de l'écume vacillante
murmure des jours

consommés
Une Iliade dans le bûcher des pleureuses édentés

Les Compagnons étaient sages à désirer l'huile d'olive au
métier d'aventure
                    . . .
Ithaque dans le gonflement des poitrines mais l'éloquence
d'Ulysse était troublante d'images

Entraînante

Et chacun de mourir dans l'affolement des épidermes
gonflés de rosée

■

Elle était devant lui suppliante comme l'écho
Lui était marin dans la courbure du désir
(nous nous sommes rencontrés pour brûler nos regards)

Elle prit son haleine dans l'aube mouillée de sommeil
Il interrogea son corps au désespoir des escales
(nous nous sommes déchirés pour rencontrer nos rêves)

Les Compagnons grognaient sous la baguette
Ils gémissaient la nostalgie des maisons de boue séchée

. . . ne partez pas encore

Il retrouva des ombres timides au secret de l'évocation

Elle dit reste dans la beauté de ma langue
nous nous sommes éveillés

∎

Il dit suis-je encore Ulysse
ça fait un bout de temps que je cherche à rentrer
chez moi ma femme m'attend et mon fils et mon chien
peut-être aussi mon père et ma bonne vieille nourrice
tous
là-bas à Ithaque
se languissent de moi

Elle mortel bien aimé
n'es-tu pas heureux d'investir ma couche
goûter à chaque instant qui passe le retour
au même

à l'égal d'un dieu
une immortalité que je te jalouseraient
tes compagnons morts

Il dit j'ai vieilli malgré mon apparence
je ne me baigne plus avec le même plaisir
Il m'arrive d'oublier les miens cela ne dure
que le temps d'un soupir déjà je me tourmente
n'est-ce pas étrange que je sois là à te parler

Elle mon pauvre amour
de quel étrange tourment souffres-tu en silence
crois-tu que je t'enchaîne comme un misérable
chien docile à mon caprice
du vent pars
je suis divine mais femme et j'aime qu'on me supplie

Il dit je t'aime et ce n'est pas facile pour moi
Elle ne répond pas

■

Si loin   ce n'est pas là le lieu
à l'encontre d'images   elles se font rares

Lumière sourire telle à l'aurore de la rencontre

indécise comme autrefois

Marin qui rêve dans ses bouteilles
à la sirène du promontoire

MARIE BOREL

TRANSLATED BY SARAH RIGGS

THE WORLD ACCORDING TO BEN

CHILDHOOD

imaginary traveler in a reality according to himself
Ben was born in Saint Malo to a pirate's son
he's in love with the Michigan Princess
his thought structure is impulsive
he's the sole actor of his presence in the world of his morals

he   whoever he is

furtive fugitive secret private lonely
neither ghost nor god nor soul nor angel nor devil nor lemur nor vision nor illusion
spritual by essence separated immaterial master of the place
he is according to the first fixed engine's principle
according to his nature undiscernable subject apparently present

the earth was not always round
childhood is Ben's world-globe
according to his world
Ben plays the mauritanian adour game the game of playing on a boat
where the believers are camel droppings
and discovers that the fly sails by land at sea

GRAMMAR

I'm a grammarian says Ben in love with metalepsis*
tall black panther seeking a princely identity
respected and admired for her serious roar
its courage its generosity its great spirit and its genius
fierce cat on a warpath
pace blocked by the grammar of his fur

a horse a llama a fox would have stayed equally flabbergasted
the compensating virtue of the form beside the norm irregular style
the reality effect provoked by details
as preposturous as acutely invented
          Ben prefers the subjunctive mode
to the past perfect

    *breakdown in the chronological tense in linguistic terms

AT TEA TIME

what is an experience to force the object to become subject
or let leash the simple on the complex
the real is a torn cloth scattered with fragments of emptiness
a little island of order spits from the simple against complex confrontation
the rest becoming even more marshy
Any set has a potential for simplicity
these are the grammatical confusions that blind the real use of words
Ben's favorite example is the one of interior-exterieur which gives rise
to a private language
no rule would know to be followed in a private way
isn't a factual report but a grammatical remark
Ben denounces less the absurdity than the blinding power over our language
the light bitterness of the tea always suggests a step toward transparency
and the truth like the death differenciate from the other states because her
   allergy to if

Ben will never always live anywhere

he watches the kites flying in the sky dust
as for the time the tense is absolutly present
was he thinking of the wind rustling in the night
of the omnipresence of the sky in writing
these murmurs soft as voices

Samuel Johnson's weeping willow
visits zoos cemetaries and museums
the great saint Sebastian d'Antonello da Messina with his decentered belly button
nothing resembles a tear more than a pebble
and abstraction is one of the forms of consolation

QUESTION

it's not possible to spend one's whole life all the time
being preoccupied with what's going on
just under our noses

is it useful to know whether the world exists
since the world is the world
the world is small

why does the apple fall on my head
one needs a reasonable cause for every particular effect

is time continuous
continuous time is purely theoretical

is space continuous
to believe that continuous space is a hypothesis

is there life before death
death at the present time is nothing
when I'm there it's not when death will be there I won't

what does one know of who is silent
the question is a sentence the answer a book

we can no longer sleep soundly once our eyes open
to let in a tree

he went as well as ever after
to go to come to go to such to such to such to go to come to such to go

THE DAYS OF HAPPINESS

the whales pass
yes it's possible
thursdays I'm the whale watcher
the sea grasses are faithful friends
at 2 o'clock in the afternoon we can see footprints on the sand
Ben according to Abigail's principle
is always there or else it goes
he sees the world as it is
such is Eve's smile before the first owl
instant suspended musical sequence zone of uncertainty
the ringings the openings the closings the diverse settlements
the essence of the paradox
argumentation is the study of banalities clearly in words
strategy versus tactic
vengeance is a lazy form of grief
coherent abstractions, said otherwise, retrospective fictions

REASON

there's no so, no then, these are the weapons of destiny
there's no deduction, not the least determination
there's no sad passion which imposes suffering twofold
there's nothing about regrets
Ben is not a Platonist
there's nothing on the pleasure of dying
Ben is no Epicurian as we'll see
for Epicurus desire is out of control
no categorical imperative
Ben is discrete and watches over my distraction
a principle of delicacy
Ben is close to the moon whom he sometimes observes
Ben knows the man who is September
Athena goddess of brilliant minds and medicines taught Ben nostalgia
a clue to oneself a symptom not an illness

Ben is sometimes an extremely serious bear

BEYOND

everything we can touch is called here
all around here is fog
the great beyond is beyond

MARIE BOREL

[ORIGINAL TEXTS]

LE MONDE SELON MR. BEN

L'ENFANCE

voyageur imaginaire dans la réalité selon lui-même
Ben est né à Saint-Malo d'un fils de corsaire
il est amoureux de Michigan Princess
le système de ses pensées est primesautier
il est seul unique acteur de sa présence au monde et de sa morale

il   qui que ce soit

furtif fugitif secret privé solitaire
ni fantôme ni dieu ni âme ni ange ni diable ni lémure ni vision ni illusion
spirituel par essence séparé être incorporel maitre du lieu
il est selon le principe du premier moteur immobile
et selon sa nature insaisisable sujet présent en apparence

la terre n'a pas toujours été ronde

l'enfance est la mappemonde de Ben

selon son monde

Ben joue au jeu de l'adour mauritanien le jeu du bateau

où les croyants sont des crottes de chameaux

et découvre que la mouche navigue conformément à la pratique du cabotage en mer

GRAMMAIRE

Je suis un grammairien dit Ben amoureux d'une métalepse*

grande panthère noire à la recherche d'une identité de prince
respectée et admirée dans le monde pour ses sombres rugissements
son courage sa générosité son grand esprit et son génie
chat furieux sur le sentier de la guerre
allure bloquée dans la grammaire de sa fourrure

un cheval un lama un renard seraient restés également pantois
la vertu compensatoire de la forme hors norme style irrégulier
l'effet de réel provoqué par des détails
aussi saugrenus que minutieusement inventés
                                        Ben aime le subjonctif
qu'il préfère à l'imparfait passif des habitudes

*rupture dans le temps chronologique au sens linguistique

À L'HEURE DU THÉ

qu'est-ce qu'une expérience forcer l'objet à devenir sujet

ou lâcher le simple sur le compliqué

le réel est un tissu déchiré parsemé d'éclats de vide

de la confrontation simple compliqué jaillit un îlot d'ordre

le reste devenant plus marécageux encore

tout ensemble a un potentiel de simplicité

ce sont des confusions grammaticales qui aveuglent sur le véritable usage des paroles

l'exemple préféré de Ben est celui de l'image « intérieur–extérieur » qui engendre
    l'idée d'un langage privé

aucune règle ne saurait être suivie de manière privée

n'est pas un constat factuel mais une remarque grammaticale

Ben en dénonce moins l'absurdité que le pouvoir d'aveuglement sur notre langage

la claire amertume du thé suggère toujours un pas de plus vers la transparence

et la vérité comme la mort se démarque des autres états par son allergie au si

Ben n'habitera jamais toujours

il observe les cerf-volants qui s'élèvent dans la poussière du ciel

quant au temps il est absolument présent

pensait—il aux bruissements du vent dans la nuit

au ciel présent partout dans l'écriture

ces murmures doux comme des voix

le saule pleureur de Samuel Johnson

fréquente les zoos les cimetières et les musées

le grand saint Sébastien d'Antonello da Messina au nombril décentré

rien ne ressemble plus à une larme qu'un caillou

et l'abstraction est une des formes de la consolation

QUESTION

on ne peut pas tout au long de sa vie passer son temps à n'avoir comme
   préoccupation d'esprit que ce qui se passe juste au bout de son nez

À quoi nous sert de savoir si le monde existe
depuis que le monde est monde
le monde est petit

pourquoi la pomme tombe sur ma tête
il faut une cause raisonnable à tout effet particulier

le temps est-il continu
le temps continu est une vue de l'esprit

l'espace est-il continu
penser la continuité de l'espace est une hypothèse

il y a-t-il une vie avant la mort
dans le présent la mort n'est rien
quand je suis là elle n'y est pas quand elle sera là je n'y serai plus

que sait-on de qui se tait
la question est une phrase la réponse est un livre

on ne peut plus dormir tranquille quand on a une fois ouvert les yeux

il allait aussi bien que jamais par la suite
admettre un arbre
aller à venir à aller à ainsi à ainsi à ainsi aller venir à ainsi aller

LES JOURS HEUREUX

les baleines passent
c'est possible oui
le jeudi je suis le veilleur de baleines
les herbes de mer sont des amies fidèles
à deux heures l'après–midi on peut voir les traces de pattes sur le sable

Ben selon le principe d'Abigail
est toujours là où cela se passe
il voit le monde tel qu'il est
tel le sourire d'Ève devant le premier hibou

instant suspendu phrase musicale zone d'incertitude
les sonneries les ouvertures les fermetures les échéances diverses

l'essence du paradoxe
l'argumentation c'est l'étude des banalités dans des paroles explicitement
stratégie versus tactique
vengeance is a lazy form of grief

des abstractions cohérentes autrement dit fictions rétrospectives

RAISON

pas de or pas de donc qui sont les armes du destin
pas de déduction le moins de détermination possible
pas de passion triste qui vient faire souffrir deux fois
rien sur les regrets
Ben n'est pas platonicien
rien sur le plaisir de trépasser
ni épicurien on l'aura compris
pour Épicure le désir s'emballe
aucun impératif catégorique
Ben est discret et veille à ma distraction
principe de délicatesse
Ben a la lune près de lui parfois il la regarde
Ben connaît l'homme qui est septembre
Athena patronne des intelligences et des médicaments à prendre
a enseigné à Ben la nostalgie
indice qu'on adresse à soi-même un symptôme pas une maladie

Ben is sometimes a so reasonable bear

AU-DELÀ

tout ce que l'on peut toucher s'appelle ici
autour d'ici c'est le brouillard
au-delà est au-delà

SARAH RIGGS

[TRADUIT PAR MARIE BOREL]

LA RESPONSABILITÉ DES
FLÛTES DE CHAMPAGNE

Un jour marquise d'escaliers sans fruits. Soupir. Éclair lumineux et manifeste et politique dans ce qu'elle coupe en tranche. Une chanson sombre. Un morceau d'ébène. Cachefruit. Citrons eux-mêmes. Diverses façons d'être en prison. Les lèvres kérosène et trois baleines dans un sac plastique. A quoi bon les sauveteurs si bons soient ils. Et les barreaux du bois des prisons si nous et si la scie. Si je t'ai vu derrière l'écran si imitant le mouvement si. Sourires. Connection. Presque néon l'esquisse de ton menton.

Un mot du lait croisement dans *dans*.

Les mots s'empilent et s'étirent dans leurs parkings gratuits seulement jusqu'à un certain point. Il y aura du sable à la place de nos pensées et du coton incontrolable. Des canaux de sentiments démesurés. Un continent à imaginer avec ses rhythmes et ses cuisines et un système d'impôts : les votes oubliés et les électeurs coincés par je ne sais quoi.

Une carte enroulée dans les algues françaises pour toi Angelica pour toi ces insectes avalés et ces choses dissèquées. La planète s'en va au delà d'elle-même et nous dégringolons. Planète : grand magasin virtuel dehors. Consentement sans jugement-l'existence entière envolée—contre nature fraise sur le gateau pourrait-il en être autrement. Huitres livrées en péruvien. Ce que nous souhaiterions serait un temps-dvd. Les necessités prises dans le flou des filets de volley. Travail équitable ailleurs.

Nous tenons pour évidentes pour elles-mêmes les vérités suivantes.

Clichés escalade grottes du matin. Volet. Recherche sculpturale. Un grain de grenade sort de la clavicule et se repose sur la peau incassable. Rodin avait tort. Jugements non-stop. Mouvement en mi mineur à la bibliothèque. Jacques et Jean-Jacques. Pierre et Robespierre. Marion ou Meryem et Marie-Laure. L'avenir de ce mot squelette.

Si depuis tu parles de changer—depuis pas possible de parler autrement

Pourquoi veux tu changer ça ça ça plutot que ça. Une respiration de philosophe. Hier enthousiasme. Dans la spirale toxique il y a un escalier. Nous parlions toujours. Le temps resiste à l'ennui et l'inhabite. C'est ainsi. Vaporisateur en cuir. Fleurs d'un cerisier intérieur. En principe les cellules abandonnent si elles ont l'opportunité ou un bouquet de doutes. Une envie dans l'air ou un talent pour troenes et Tressida. Raisons intérieure ou extérieure total égal si le verre bouge ou si l'Iran est bombardé. Chacun son tour.

Regard à dessein. Cabines de papier. Proche de proximité. Avec le catalogue des blessures si et seulement si une fois nommées. Stacy arrêta d'écrire pendant vingt-quatres heures. Soupir en cuisine. Codes et correspondance et pas-sur. Plus sûr se rendre aux explosions sures. Merci de remercier les amers et les peaux d'orange. La cerise artificielle. L'artifice intérieur.

Le verre est gravide.

Qu'est-ce qui se passe dear Geneva après les photographies de Saturne?
Et pourquoi ai je rêvé (était-ce de Philadelphie?) de Charles B. version jeune et
galant. Il s'est passé quelque chose pendant ce temps là où j'étais. Exactement. Blocs
de pensée images d'autres planètes. Nous étions miroir l'un de l'autre par longi-
tude. Les toxines de poisson se diffusent dans le lait maternel les champignons se
propagent dans le coton. Le nom très beau de ce tissage était ajouré. Tu vois le jour
à travers (d'autres d'images de Saturne—c'est tout un autre monde). Océans. Les
kilomètres transformés en miles entre nous les phrases accumulées en piles de sept
meutries une laissée. Facisme évangelisme l'autre cité du pouvoir des mots et lan-
gage plié un billet sur lui-même ou n'importe quel prénom masculin: Arad. Ou
Abed. Non pas Abed.

Moustache de portes ouvertes sans fin et une métaphore maya ou excuse pour les oreilles entrée en plus. Définition flirt—tu as dit perdu sans x pas vraiment perdu du tout. North Berkeley au passé. Raison ou promesse ce qui arrive est nécessaire. Draps de Londres. Retraites glaciales dans le réchauffement d'une planète. Rhodessa Jones boulevard 26. "Il est bizarre." Echange les clés et les chiens te manquent jusqu'à la prochaine étape. Résidences. Celles-si sont les vraies Susanne et tu connais. *Allo Stop*. Poupée sourire. Nacelles des voitures. Transhumance. Stein en Sanscrit. Merci de m'écrire.

Toi côte francaise sous la pluie

Des millisecondes après ton arrivée noir sur l'escalier toujours. La pensée fait penser le corps fait corps. Avoir raison est rare. Dans ces contrées brumeuses nous sentons au moins que nous n'avons pas tout à fait tort. Lècher rouler. Genre de rêve plus ou moins neutre conte de fée berlinois suivi d'une disparition en fondu rose. Crème Bigarreaux. Toujours une grêle surprise. Inverse. Les familles tirent sur leurs membres eux paient la dette. Sponsors et bienfaiteurs et rien en entrant sauf un nom je suis désolée mais je suis désolée Jabès a raison. Pas vraiment attendu mais toi-même.

Vus d'ici les gants blancs sont ridicules. Un manque général d'absence de sommeil a fait monter le chiffre d'affaire paradoxal. Vingt ans après Après coup l'astuce: rien possible acheter. Personne ne pouvait—*aucun de nous nuage*. Qui a pu penser Internet synonyme de progrès pour l'humanité. Stéphane ou Drake quelqu'un. Piglet nous faisait signe du haut de son arbre l'eau montait les SOS flottaient. Quoiqu'il arrive C. Robin ou C. Rice passerait. Mais trop tard. Plus tard encore terrier de Rabbit : complet . Le miel envolé. Le pull en laine noir rétréci est méconnaissable. Des céréales au fond d'un bol un peu trop longtemps.Ton chat miaule. Martèlement. La dédicace intérieure. Une autre définition pour extérieur serait bienvenue.

Remorqueurs à magnétisme et dérives de reconnaissance.

Moitié moitié. Vide vide. Qu'est ce qu'on veut du Mali . Sept mille chats. Toutes les femmes. Quelques iles. Maladies. Apéritif tutti frutti. Tout dans la tête. Grande leçon. À ne pas étudier en solitaire. Et avec ça la peur des poches-poitrine. Cheveux en brouissalle et chaises qui poissent. Respiration à nous. Elle pourrait te le dire autrement. Ce fut un grand sacrifice elle les a pris sur le rebord de la fenêtre. Les rails du métro hors d'atteinte parce qu' ici c'est New York. Pierre les choix que l'on connait. Les haricots blancs sont décousus et les calamars frais. Comme déjà. Un sourire. Amplitude de l'étendue. Vert fluide. Envoi. Aller retour. La queue du chien s'en balance. Aptitude. Boissons chaudes numérotées. Les jours pas forcément.

Ils s'étirent. Aimeraient dire. Aller. Longtemps dans les bois. Ceux du Sénégal et du Congo. A la recherche de ce qui fut détérioré . D'avoir été laissé trop dehors. Revenir. Ou s'en aller. C'est à dire rester. Chocolat chaud. Un demi citron pressé dans sa main photographiée. Quarante jours et beaucoup moins de nuits. Assez embrouillami. Voir noué. Une solution pour démonter. Nous qui fabriquons. Croisement de la rue St Sabin. En principe les émotions sont partagées et les nouvelles mauvaises.

Toux. Mélodie. Fin de la mesure.

Les flutes à l'envers renversent le champagne. Désir pour tout. Amitiés visibles puis invisibles. Le bol rouge. La calligraphie au henné enveloppe les femmes. Reconciliation de la laine et des cornes. Paragraphes dessinés. Réponse. Associés tous présent. Une soupe d'os non de caillou. Café de l'Industrie. Le corps encore. Encore. Ce retour de la fuite et quelque présomption supermarché inclu -amitié. J'attends Abigail . Quel était ce désir d'être ensemble ces pensées ta peau autre que à toi? Les minutes passent. Tomber sans reprendre connaisssance. Laine de mouton et leurs chapeaux un peu à côté. Une fine marge de neige. Un jour cet hiver sur le caméscope des heures.

SARAH RIGGS

[ORIGINAL TEXTS]

RESPONSIBILITIES OF THE

CHAMPAGNE FLUTES

A day of awnings and fruitless steps. Pause. Something glinting and apparent and political in what she slices. A frowning song. An element of ebony. Catchfruit. Actual lemons. Various forms of imprisonment. A kerosene lip, and three whales in a plastic bag. What good are the rescuers, being so very good. And the prison bars made of wood, when we have a saw. I saw you back behind the screen, mimicking movement. And smiles. Connection. Nearly neon outline of a chin.

A word, or milk, junction with in.

The words stack and stretch in their unmetered parking spots but only so far. There will be sand in place of our thoughts and cotton manufactured out of our control. Canals of unmeasured feeling and a continent as yet unimagined with its own rhythms and cuisine and taxation system composed with uncounted ballots and voters kept back by a *je ne sais quoi*.

A curled map in the French seaweed, it's for you, Angelica, these swallowed insects and dessicated things. The planet steps off itself and we step off the curb into gravities in various plastic cases, a virtual outdoor mall, judgeless acceptance, the whole of existence, out of step, out of nature, the salt on the cake, could it be other. Oysters delivered in Peruvian. What we will wish for had been DVD time. Necessities in a blur of volleyball nets. Guiltless physical labor is elsewhere.

These truths we take to be self-evident.

Clichés and escalating caves, morning. Shutter. That research is sculptural. A pomegranate seed emerges from the collar bone, rests on the skin not breaking. Rodin was wrong. A ceaselessness of judgements. E-flat movement to the bibliothèque. Jacques and Jean-Jacques, Pierre and Robespierre, Marion, Meryem, Marie-Laure. And the forward word of the skeleton.

And since you speak to change—since one cannot speak otherwise

—why do you want to change this rather than that?
The philosopher's breath. Enthusiasm yesterday. Toxic spiral, the stairs. And we talked, again. Weather resists boredom, and inhabits it, is it. Leather spray. The cherry blossoms inside. Generally the cells won't quit if given a chance, or cluster of doubts. And there was a wish, a talent for trees and Tressida. Reasons external or internal amount to the same in terms of whether the glass moves, whether Iran is bombed. Also.

The intended regard. Paper booths. A proximity of sororal. And a variety of wounds, when named. Stacy stopped writing for twenty-four hours. A pause. In cooking. Coding, correspondence, the iffy. Better to go with the sure explosions. Please to acknowledge the bitters, orange rinds, the most extremely artificial cherry. The artifice inside.

The glass is pregnant.

What comes after the pictures of Saturn, dear Geneva? And why did I dream (was it of Philadelphia?) of Charles B. as young and dapper. There was something in the process, right where I was, scraps of thought and pictures of Saturn. Longitudinally we were mirrors of each other. The toxins of fish came through breast milk and yeast spread to the cotton. The beautiful name of the weave was *ajouré*, you can see day through it (more pictures of Saturn—it's a whole other world). Oceans, and miles turning to kilometers between us, and the sentences piling up in sevens, bruised, one leashed, fascism and evangelicalism, the other side of the power of words, language folded, a bill upon itself, or any male name, Arad. Or Abed. Though not Abed.

Whiskers of entryways and breaking, a Mayan metaphor. Or excuse for ears and openness. Definition flirts—you said lost without x—not lost really at all. North Berkeley one past. Needed, it happens for a reason as yet a promise. Bedsheets, London. Disengagements glacial in an age of warming. Rhodessa, 26th street. "He's a strange one." Key to key exchange and the canines missing you into another phase. Residencies. These are real, Susanne, do you know *city car share*. A doll, a smile. Pods of cars. Varieties of transumation. Stein sanskrit. Please write.

You the wet coast of France.

Milliseconds after your arrival, black on the staircase, again. Thought makes thought, bodies bodies. Seldom were we right, ever. In that hazy territory what we felt was, at least, we are not wrong. In the licking and the rolling. But mostly a neutral sort of dreaming very much like a Berlin fairy tale, followed by a fade-out to hot pink. Cream. Bing cherries. And hail, always perfectly unexpected. Inverse. Families have a way of tugging at their members, and members of paying dues. Sponsors, benefactors, there's nothing upon entering but for a name, I am sorry but, je suis desolée mais, you are imperfectly expected as you are.

The white gloves seem ridiculous from this vantage, but the general lack of sleep-lessness contributed to productivity and REM sales, twenty years after the fact. The trick was we couldn't buy it. None of us could. And who was it thought the Internet would improve humanity. Stephen, or Drake, somebody. Piglet was waving from the tree, and lofting bottles into the flood. C. Robin or Rice, would eventually come around. But then it's too late, and latterly, Rabbit's hole is already full, the honey gone. And the black wool sweater is shrunk beyond recognition. Cereal left in the bowl several minutes too long. And your cat meows. Hammering. The inner dedication. We could use another definition of inside now.

Tugboat magnetics, drifts into recognition.

Half-half. Empty. What was wanted from Mali. Seven thousand cats. The women. Some islands. Diseases. Drinks with pineapple. It's all in the head. That is a big lesson. And one not to be learned in solitude. Along with a fear of breast pockets. And the tangled hair and sticky seats. Our own breath. She could tell you otherwise. The sacrifice was great, she learned so much from windowsill. The subway rails out of grasp because they are in New York, where it all is. Frank waves the choices that we know. The disjunction of white beans, fresh squids. As yet. A smile. Abundance of the bay. Fluidity of the green. Sent. To want it back. The dog's tail, a pendulum. A capacity. Hot drinks numbered. And the days.

They stretch. Would wish to say. To go. Long into the woodwinds. Those from Senegal, and further, the Congo. In search of what has been rescinded. To have left out too much. To go back. Or, to go. Which is to stay. The hot chocolate. A half-lemon squeezed in a photographed hand. Forty days and a lot less nights. Considerably netted. Bound even. A solution in the disassembling. And we of the making. Cross street, St. Sabin. They were mixed, our emotions, and the news, generally less.

Cough. Melody. End of the bar.

The flutes turned upside down, spilling champagne. Wish for wholeness. Relationships come in and out of view. The red bowl. Henna calligraphy draping the women. Reconciliation of wool and horns. Patterned paragraphs. Response. All the associates present. A soup stone. Café de l'Industrie. The body at it, encore. This return of the leak, and certain presumptions, including that the supermarket remains, and friendship. Crossed out. A general fatigue. Waiting for Abigail. What was that wish for together, those thoughts, your skin other than yours. The minutes tick by, falling in and out of consciousness. Sheep's wool and hats slightly off. The thin coating of snow. Once this winter, on the camcorder, for several hours.

JEAN-JACQUES POUCEL

[TRADUIT PAR FRÉDÉRIC FORTE]

POÈMES

croque un carré de carrés
à dresser tout tout à la pointe
ombre sereine tour
nant au jeu de l'œil cloue
le coccyx le cœur battant
au corps
crâne et sternum
tirant aux étoiles

penche dans la nuit comme si
matin éternel pas le moindre
éclat ne pouvait l'emporter
sur le ferme désir bien enroulé
en tresse d'étonne
ment en rire recourbé

quelle majesté les arbres
quand le chant défait
de pouls et flottement
les coups de vent
en averse

si tes pas devaient échouer différer la voie
tracée même dans un système autre de mesure
il te faudrait aller fouiller les « je compte sur
toi » les mers de souhaits de « c'était toi »

résolument t'éloigner de la voix toute
indiquée que dicte le pauvre horizon
car dire la honte est tendre essai de trahison
comme est énorme comme pressante la litote

comme l'instinct orphelin se languit
comme dérivent les abris à l'intérieur les pistes
comme la parole nous oblige à l'exil

en toi mon sang bêle « je me souviens
de n'être » en pleine trille dans la nuit cette liste
exige de ces doigts qu'ils rasent tout soutien

tomber est tomber est tomber est un pas

qui fait le pas qui ne fait pas pas parti de

qui ne fait pas par son pas comme part un pas

comme si tomber puise son son dans le pas

car vouloir veut son vœu merveilleux vœu de rien

son vœu plein de plein de tomber comme tombe le trouble

et le trouble en tombant ne part pas pas stoppé

ou sans poids quand on veut vœu de rien

déportant ses pas portés en pure perte

où une fois on faillit une faille

(*ja* si ton bêê est ton bêêê est ton bêêêê est ton)

lance une ligne vers le ciel
et répète jusqu'à ce qu'un t accroche l'horizon
désarrime ta langue de la faim
et engage-toi sur le fil

dessous le mou peut bien jouer
un toc de maintenant désire son hier
mais qu'il est juste ce vent moqueur
froide sa morsure lorsque évitée

si tu te sens vaseux pour ne pas trembler prends
soin d'accorder tes orteils et entrailles
en train de perdre prise leur chant aussi aspire à l'envol

cours le souffle accepte d'aller vers
tire un à un le fil des vingt stations
deux fois franchie la tentation
une vingt-et-unième se révèle

pas de l'œil
mais du clin
tiquant goutte goutte celluloïde
assez résistant pour franchir
l'entre-deux
à la manière dont les roues semblent tourner
contre le mouvement des corps
se moquant du tempo
avec les arbres immobiles debout en
lignes consonantes de livres respirant

notre route est un ruban voilé
jalonné de trèfles et grouillant
de vers et d'excréments
elle offre une pâle étincelle du matin
si sèche ou rosée de poussière
et l'éclat
que borde à l'un ou l'autre bout la couleur
obstinément se gorge d'étonnement
retient de ce   l'imperceptible

JEAN-JACQUES POUCEL

[ORIGINAL TEXTS]

POEMS

sketch a square of squares
to tower toe to tippitty
serene shadow turning
from eye to eye rivet
the coccyx pounding
heart to the core
crown and sternum
leaping starward

lean into night as if
dawn eternal no mere
glitter could trump
steely wanting wound
right in a braid of won
der in laughter bent

what majesty of trees
when song undoes
in pulse and sway
the prompt of winds
to shower.

should apt feet falter or withhold one ear-
marked way even traced in another time
signature go turn around in "I find
you" and in seas of wishing "you were here"

march straight away from such a slated
voice any coward window could convey
for telling shame dearly tries to betray
how huge how pressing the understated

how instinct yearns as a walking child
how nests and inland migrations drift
how speaking requires us to be exiled

in you my blood is bleating "I remember
to be" coming a full-throated trill this list
wills these fingers into night to founder

a fall is a fall is a fall is a fall is a way
of making a way of making away from
of making away with a way as wayward
as is falling may sound it's sound in the way
for wanting wants wonder wonderful wondering
wonder full of the fullness of falls as in falls of folly
and folly in falling whether wayward waylaid or
weightless when one wonders in wondering
and wandering away wearing with waste
where one was once way laid a wound

(ja if a laugh is a laugh is a laugh is all)

cast a line skyward
and keep trying till a t hooks the horizon
unanchor your tongue from hunger
and step out on the braid

a fallow sag may run below
tug of now wanting yesterly
but how fair the mocking wind
how frigid its bite when unencountered

if squeamish take to keep from trembling
pains to tune tipping toes and the flail of entrails
losing grip   their singing also longs for flight

admit to toward in slips of exhalation
drawing in one by one all twenty stations
till twice beyond temptation
a twenty first is revealed

                    not of eye
                  but blinking
ticking trickle in celluloid
well faring enough to go
                  the in between
the way wheels appear to turn
against the movement of bodies
                  mocking kept time
with the still standing trees con-
sonante lines of books breathing

our road is a ribbon with a bend
hemmed in clover and riddled
                  in worms and excrement
she offers a pale glint of morning
whether dry or dusted in dew
                  and the flash
cropped by color at either end
obdurately bathing in wonder
retains of this   imperceptible

count if you must the ways
and do so precisely not
offing the rectitude or scale
for each number a brood
of its own and often more

recant in apt caliber
needle firmly to the mass
stick what intended it
tearing the back right
through purple dust

the matter shines black
like charisma plumbed
in ardor or anti-terra
a magnetism to defy
what things eyes
catch punctiliously

do not retract the shaft
or shift what paths open
in the detritus the heart
fields its own cures

FRÉDÉRIC FORTE

[TRANSLATED BY JEAN-JACQUES POUCEL]

FLAT SONNETS

better are you beginning to take advantage / as if the repetitions you indicate / in this heap as if salt could taste / the same now as in our age // precarious are you leaning / it is almost Monday / Saturday was yesterday / precarious you are leaning // so what will be the final thing / to do what chatterbox / will you take with // what careful cut to sift / and for what walks / of life to sing

it's a box to recollect / or lay low / some will eat marrow / not me I aim to res-
urrect // as an animal coming back / reincarnation in the end / by its awkward
taste will offend / on horseback // but peering up dresses / simply isn't done /
just as commonplaces / won't be broken // so I've spent my extended holiday in
a tunnel / that'll teach me for wanting to get all supernatural

oh my doll / I would that your learning would chart its own depths / you ought to be taking sensible steps / no and again no my doll // should a pressing iron perchance / take a tumble or a fall / it won't have been a bomb at all / something new in breaking shall enhance // that's the way it is in Bruxelles / you remember that alley well / the sound of white pewter piddling// a king in open country again / you are laughing already riddling / dreaming up a future in champagne

a weapon and slumber / a cloud what is in it / a cockpit / then to find closure //
or meditate the shapes of forever / I long for insight / with storms to unite / in
darkness to gather // a hand on the grotto / could be a minnow / and why not //
could be tomorrow / the day after tomorrow / stacked on its lot

mister explorer / what then is the dream / and will it provoke a scene / or be-come an angelic comforter // if I were a prestidigitator / I would not gain a sin-gle null / but would even swoop in via scull / on the views of aviators // my pock-eted meteor / would not one wrinkle show / pointing north could I follow // but truly would I have to decide / whether to take a new guide / or aim for another shore by naked eye alone / the astronomer became / since names are needed he names / blinking to cross thresholds by billions // the recycled sheet / of aluminum / this one is proxima that one is rome / all within armchair's reach // but only to collapse later / no longer granting such prime / importance to matter // or glass in scatter / being aether in aether / for all time

FRÉDÉRIC FORTE

[ORIGINAL TEXTS]

SONNETS PLATS

tu commences à concevoir mieux et davantage / comme si les répétitions que tu décèles / dans cet amas comme si le sel / avaient le même goût maintenant qu'à notre âge // tu penches dangereusement / on est presque lundi / hier c'était samedi / et tu penches dangereusement // alors quelle est la dernière chose / à faire quel moulin à paroles / emporter // quelles phrases bien peignées / pour quel protocole / quelle dose c'est une boîte se souvenir / ou faire tapisserie / certains mangent des pâtisseries / moi je voudrais revenir // animal / la réincarnation après tout / elle doit avoir un drôle de goût / à dos de cheval // mais regarder sous les jupes / est impossible / et les stéréotypes / sont insolubles // alors je passe de longues vacances dans un tunnel / ça m'apprendra à vouloir faire mon surnaturel

ô mon bébé / je voudrais qu'il y ait différents plans à ton apprentissage / faudra-
t-il que tu sois sage / non et non mon bébé // par exemple un fer à repasser /
s'il tombe / ce ne sera pas une bombe / quelque chose est neuf et parfois cassé //
c'est ainsi à Bruxelles / tu te souviens d'une ruelle / d'étain blanc qui résonne //
comme roi dans la rase campagne / tu ris et déjà personne / rêves un avenir de
champagne

une arme et bien dormir / qu'est-ce que c'est un nuage / une cabine de pilotage / et puis finir // ou méditer la forme de l'infinir / j'aimerais être sage / m'attacher aux orages / assombrir // sur la paroi la main / serait un lapin / pourquoi pas // serait un lendemain / et son surlendemain / posés en tas monsieur l'explorateur / quel est le programme / est-ce provoquer le drame / ou bien faire l'ange consolateur // moi si j'étais prestidigitateur / je ne prendrais jamais un gramme / et même je fondrais à la rame / sur les avis les aviateurs // en poche mon astéroïde n'aurait pas une ride / et il m'indiquerait le nord // mais faudrait vraiment que je me décide / à changer de guide / ou changer de bord c'est à l'œil / que se fait l'astronome / et puisqu'il faut nommer il nomme / on franchit en un clin un bon millier de seuils // en recyclant des feuilles / d'aluminium / celle-là est Proxime et celle-là est Rome / à portée de fauteuil // mais plus tard se défaire / ne plus accorder tant / d'importance à la matière // au verre / être éther de l'éther / tout le temps

VINCENT BROQUA

[TRANSLATED WITH CHARLES ALEXANDER]

LOOK HOW I

LOOK NOW

III

let us return to the subject—and you
who is this 'you it is you' 'you
create you' 'you expect you'
'we, this is you' 'he or she or you,
that is what you are' 'to desire' 'to dance'
and is that what you want, to dance tonight
[and the band played on]

one   among   all   all the men all the women
one among everyone   one and
one among everyone   one one all
perhaps you everyone and everyone

ladies   gentlemen

one in the middle or there among one he finds
among all (and all)   he stands for   or
he speaks for you does not speak
for you speak you you speak of

him   without him   who is in the center
of you among you

I come back again   no, you
come back again   please begin again
if you so desire

it looks like it is in the manner of
according to the manner the theft to steal
you   turn one and come back one
takes one returns one can not hear oneself speak
does not get along well with   in
the middle or among us you one
is not you one
         hmmm   ah

Today

it did not function
the equipment tried to turn on
it did not function the machine

a few sage leaves, taking a bit of a
risk to be better or mischievous, perhaps
digesting

---

generations   .   a narrator   generates his readers then generate themselves

---

by the way I took a little

four corollas thus drawn suspended
that way remaining that way that I made
one after
the other point by point the outline of a
right hand

---

today, tuesday 9 january 2007

> drank five cups of oolong
> one after the other
> threw it away   also some eggs
>
> did not talk much

---

to get started again

---

once again   this very day

> In Canada   +9 degrees C   instead of −5 to
> −15 degrees C a few buds

---

still tuesday

> acrid painful sharp odor of the machine
> barely beginning to break down in pain
>
> must turn it off at once I was afraid
> that it would burn down

---

today   a few days ago

> rather to begin to say again that the juice
> has no effect
>
> always an identical story
> at first to go into battle with the machine
> then to go down in defeat then to buy one
> once again it goes around again or disrupts
>
> to listen to the hiss of a faulty connection
> the short circuit about to take place

---

motif:

> a rather simple landscape over which one could be extended or laid down.
> preferably a white felt. he would have then removed them one by one. soft
> long carpet wide rough easy to be rolled or made to be the size of the pro-
> tagonist. he had sworn not to be pulled into the pattern. then he is pulled in.

---

the 2nd of January

> at times the files opening
> annoying lights on and off some whining
> I reach . I no longer reach . whims .
> Machine is no longer well but . still is switched on .
> as long as it is

---

l.h.

presque chaque auteur est confronté à la nécessité implacable de s'inventer lui—ou elle—même à nouveau en tant qu'auteur chaque jour, et la tâche de considérer les limites dans lesquelles ceci peut se faire est continue

almost every writer is faced with the relentless necessity of inventing him—or herself anew as a writer every day, and the task of considering the terms in which this can be accomplished is an ongoing one

---

objection:

all this, well, it matters. But we were expecting something of better quality, really, and when will it come?

---

today . as it is .

let us return to the beginning / forgetting

green cup   *japanese*
or cup of white porcelain
chinese

pieces of mango or papaya
orange thus often related
one week, I look at price
no more . I know no more the expense

---

no other explanation than this one

Today

                New orangerie with no one there the same
overwhelming grey pointed with paintings

            long rectangular landscape by Cezanne, the cheaters
mysteriously yakking, I see the luminous red nude.   One must come back
  pronto

---

he/she experienced unthinkable delight at the dissolution of their means of pro-
duction

---

day in february
                a corridor then elevator corridor then
                footbridge
                offices decompression chamber with
                photocopier again offices finally we
                are getting there
                conclusion: the machine will not function
                any more
                repairs will prove to be useless it is necessary to
                buy

---

the following day

made it to the market

today went shopping
rows of pears autumn
colors on the skin of
the fruits in the middle
of winter walks a few
minutes stops in
doubt   in front of that
one   italian   parsley
slice   of   pumpkin
notices   the   pile   of
books beside the socks
beside   the   carpets
beside oysters beside
sausage beside rabbit
beside cheese pile of
yellowed books again
the   olives   and   the
spiced   beans   beside
the hyacinths thistles
pineapple flowers free
range   turkeys   hears
buy   the   best   goods
here buy the best get it
now   while   supplies
last while prices are
low   regaled   one
does not hesitate it is
the   right   stuff

yesterday   today

orange rinds in heaps
avocado trees scattered
he says: "one thrives in a
greenhouse" life continues life
overflows the green dust
bins the foamy dish soap
mildewed colors cast on the
wall an odor one would have found
nauseous
choosing and roaming

for Michel Blazy

---

down time

during the time the machine has finally worked it is not the same one it was
changed the other one is still there in the state of observing a dark disaster and the
machine
eventually works with or without juice
do not understand by the way everything but again the writing resumes   does it
stop an interruption at most and reminded of paper   can not continually speak
without saying that
        objection that it is a time like any   conceivable time

his character would have vanished, little by little he would have lost his *raison d'etre*
he would have decided to leave him in this state no more calling him forth

---

it is *adieu, adieu, adieu*   this word he imperfectly decomposes

---

VINCENT BROQUA

[ORIGINAL TEXTS]

DE QUOI J'AI

L'AIR

III

reprenons—et vous
qui est-ce 'vous c'est vous' 'vous
vous faîtes' 'vous vous attendez'
'nous c'est vous' 'il ou elle ou nous
vous quoi' 'vouloir' 'danser' 'ce soir'
est-ce que voulez-vous danser ce soir
ou voulez-vous danser grand-mère
qui

   un entre tous   une entre toutes
       un entre toutes   une et

un entre toutes une une toutes
peut-être vous toutes et tous

mesdames messieurs

un au milieu ou parmi un il se trouve
parmi tous et toutes   il représente ou
il parle pour vous   ne parle pas
pour vous parle vous   vous parlez de
lui sans lui   qui est au milieu de
vous parmi vous

je reprends   non, vous
reprenez   reprenez donc
alors

cela ressemble c'est une manière c'est
à la manière   ou du vol   voler
vous   on y retourne   on
prend on reprend on s'entend pas très
 bien avec vous à vrai dire   au
milieu ou parmi nous   tous on
n'est pas tous   on
hum   bref

Aujourd'hui

ça n'a pas fonctionné
tenté d'allumer le matériel
ça n'a pas fonctionné   la machine

quelques feuilles de sauge, un peu au
risque d'être amer ou mauvais, peut-être
la digestion

---

générations . un narrateur   engendrerait alors ses lecteurs engendreraient

---

j'ai d'ailleurs pris un peu

quatre corolles ainsi dessinées suspendues
comme ça encore ça j'ai fait l'une après
l'autre point par point les lignes d'une
main droite

---

aujourd'hui, mardi 9 janvier 2007

> ai bu cinq tasses de oolong
> à la suite
> jeté aussi quelques œufs
>
> pas beaucoup parlé

---

repartir

à nouveau   ce jour-ci

> Au Canada   +9°C   au lieu de −5 à
> −15°C quelques bourgeons

---

mardi toujours

> odeur âcre de la machine
> moteur à peine en panne
>
> obligation d'éteindre tout de suite j'ai eu peur
> de l'extinction ou de l'incendie

---

aujourd'hui il y a quelques jours

> plutôt redire ainsi que l'alimentation
> ne marche pas
>
> toujours une même histoire
> d'abord se battre avec la machine
> ensuite être vaincu puis en acheter une
> à nouveau ça circule ou ça interfère
>
> écouter le chuintement du faux contact
> le court-circuit ne devrait pas tarder

---

motif :

> un paysage assez simple sur lequel on aurait pu l'étendre ou le coucher. de
> préférence   un feutre blanc. il les aurait alors enlevées une à une. tapis long
> large doux rêche facile pour s'enrouler ou se déplier de la taille du protago-
> niste. il avait juré de ne pas se laisser entraîner. puis il se laissa entraîner

---

le 2 janvier

> par moment   ouverture de fichiers
> intempestifs allumages quelques plaintes
> j'accède . je n'y accède plus . caprices . machine
> fichue mais . encore en marche . tant qu'il y en
> a

l.h.

almost every writer is faced with the relentless necessity of inventing him—or herself anew as a writer every day, and the task of considering the terms in which this can be accomplished is an ongoing one

objection :

   tout ceci, bon, ça pèse. On était habitué à mieux après tout. Et puis quand est-ce que ça vient ?

aujourd'hui . alors .

   tentons aussi le retour / l'oubli

   tasse verte   *japonaise*
   ou tasse de porcelaine blanche
   chinoise

   des morceaux de mangue et kakis
   orange donc souvent la relation

   une semaine, je ne regarde plus
   le prix . je ne sais plus la dépense

pas d'autre explication que celle-ci

Aujourd'hui

              Nouvelle orangerie sans personne gris uniforme
qu'on a ponctué de toiles

            long paysage rectangulaire de Cézanne, les tricheurs
énigmatiquement loquaces, je vois la lumière d'un nu rouge.   Il faut y revenir
   vite

il/elle éprouvèrent le délitement insensé de leur appareil de production

            jour de février
            un couloir ascenseur couloir puis passerelle
            bureaux sas de décompression avec
            photocopieuse encore des bureaux enfin nous
            voici là
            diagnostic : la machine ne fonctionnera plus les
            réparations s'avèrent inutiles il faut acheter

le lendemain

          ai fait le marché

          aujourd'hui fait le
          marché poires rangées

teintes d'automne sur
la peau des fruits au
milieu de l'hiver
marche de quelques
minutes arrêt sans
certitude devant celui
là persil plat tranche
de citrouille remarque
le tas de livres à côté
des chaussettes à côté
des tapis à côté des
huîtres à côté de la
saucisse à côté du
lapin à côté du
fromage encore un tas
de livres jaunis puis
les olives et les graines
de lupin épicées à côté
des jacinthes des
chardons des fleurs
d'ananas quelques
endives la semaine
dernière elles étaient
infestées de pucerons à
côté pintades et dindes
fermières dit-on
encore le plus beau
que du beau à côté on
va se régaler plus loin
on n'hésite pas plus
loin allez c'est que du
beau

hier aujourd'hui

oranges empilées écorces
des avocatiers éparpillés
il dit : 'on est bien dans une serre'
continue la vie un débordement hors
des poubelles vertes de la mousse d'un
liquide vaisselle
moisi des couleurs projetées sur le mur
on aurait dit l'odeur incommode

à M. Blazy

temps mort *aujourd'hui*

depuis la machine remarque enfin ce n'est pas la même elle a été changée l'autre
est encore là à l'état de constatation d'un obscur désastre et la machine finalement
marche sans ou avec alimentation

ne comprends d'ailleurs pas encore tout mais l'écriture reprend s'arrête-t-elle
interruption tout au plus et rappel au papier   ne peut pas dire vrai-
ment sans dire cela aussi
          objection que c'est un temps comme un autre   un temps peut-être

son personnage se serait évanoui, petit à petit il aurait perdu sa raison d'être   il
aurait décidé de le laisser en cet état sans plus le convoquer

---

it is *adieu, adieu, adieu*   ce mot qu'imparfaitement il décompose

---

CHARLES ALEXANDER

[TRADUIT PAR VINCENT BROQUA]

POUSSER L'EAU 14

une sœur dit à l'autre,
« mon écriture n'est pas meilleure
que la tienne, seulement plus
lisible »   et plus tard, rapportant
                    ce qu'elle a dit à un garçon, de 11
                    ans, « je peux tout aussi bien frapper la balle
                    en robe qu'en pantalon »

        merci pour le livre
        ai-je dit, et pour ta
        place dans celui-ci quelque part
        près du sel et du poivre
    et l'action
        de plonger dans l'eau
il remonta à la surface
et prit sa respiration

                    j'apporte toujours l'eau
                            à table et la place
                                    devant toi

    la totalité de l'œuvre est
    le son de l'œuvre
    est la structure de

pointe   à la surface   respire

le rêve   :

          j'entre dans la chambre

          de l'une des sœurs, pour donner conseil

          à mon départ, je vois l'autre

              dans un coin près de la porte

                  tenant une batte de baseball. elle frappe

              de toutes ses forces

              sur mes tibias

je me réveille, crie, pleure /

              comme le disait Williams, la meilleure

              chose qu'un homme puisse faire pour

        son fils après sa

        naissance, est de mourir

et qu'en est-il pour une fille ?

              est-ce qu'elle prospère dans la mort

         se force à

              entrer dans l'eau sans

        vérifier si elle est froide

              et sort de l'angle

              prête à frapper ?   où sont les nœuds

        à dénouer ?

CARDINAL 3

prononcer et faire
  entrer la personne, parfait
  enterrement et la limite
  de la passion, absence
  de rien, voici
    le curseur, lumière
    éloquente—
parle moi du social,
où il commence et il finit,
sur fond de point mobile
      s'il te plaît, lave toi avant
      d'aller dans la pièce ou
      le champ, permission
      de se passer
      de prière
    vint demander, taux de
    réponses, nombre de
    plaisirs l'un après
    l'autre, dialogue
    avec la couleur

CARDINAL 5

le livre conçu pour s'y allonger
a une taille pour n'être pas
      encombré
mais une reliure, exécutée
avec les mains
      aucune de ses pages ne cherche
      une libération
jamais fermé en dépit
  de ce qu'on voit derrière
   tranche suggérant
   la force et une fois mouillé
   ou percé
ce sont les corps que nous
disons nôtres
      ayant trouvé un chemin
      ce que la lumière apporte à
      l'œil
      élaborée en dormant
      dans une chambre
      en apesanteur

CARDINAL 17

ce que le coût est au jeton—
ce que l'œil pose
et invite
la main à partir
dessine des formes de
trois et deux
trace
ou fais
des trous et des fils d'intrigues
endroit nécessaire au langage
(pour guider ou
suivre)
pars de là
vers n'importe où constitue
la traduction
rendez-vous à l'angle
où chaque son
connaît sa limite
à nouveau

CARDINAL 16

         vert

    vert

vert

    va

      vers le gris

          vert

    vert

      vert

versé

          vente

    vert

      ici, prononcé

*   *   *

          points vont

    part où

tracent le monde

        ceci pénètre

    ce point d'

ordonnancement, lumière

POUSSER L'EAU 30

Y va-t-on?   Watteau
    ciel bleu   bol vert
quelque part après le fait de langue
    un pré   un pli
                 fluidité
    ou flux

parler   en s'appuyant sur la nécessité d'un
    auditeur   est-ce ce serait entendu
dans une forêt   seul
    vert   dessus
    bleu   effacé

une grappe   agresseur   aggravé
    point noir   encre ou métaphore

homme étrange se tourne   l'immense
    tragédie du rêve   émerge
    d'une nappe d'eau
         gaufre
              (vivre)
tenir la conversation pendant trente ans
    assoiffé   135 jours sans

précipitations quantifiables
    les pécari s'acharnent derrière la maison
      coyote vers le préau

pas d'eau à pousser pas de pores humides
vapeurs   verse l'eau (*watteau*)
    il arrive costumé comme dans un tableau

      où est la substance
        peut-être évanouie

dis-moi poète   dis-moi de m'approcher
    plonge moi vite dans l'eau
    ni Watteau n'y va-t-on
        ou va tout
ou va-t-en?

                  eau
implacable et faire de   l'*eau*
implacable laisse couler   l'*eau*
faire d'une percée *permettre*
faire l'amour être *pardonner*
faire le langage être *tout sauf silencieux*
    et le silence aussi

    nous dans le fleuve
    ouvrons les oreilles
    au beau milieu
    de l'immense tragédie

tissons dans le rêve

    applaudissons à nos peurs

    inévitables

    jusqu'à ce que nos êtres

                les plus délités répondent

       c'est l'heure à nouveau

          ressorts verts du renouvellement

          ou réparations minimes au moteur

    sautons par dessus les haies

        (à peine des haies)

    faisons-nous eau

CHARLES ALEXANDER

[ORIGINAL TEXTS]

PUSHING WATER 14

one sister says to the other,
   "my handwriting isn't better
than yours, just more
readable"   and later, reporting
what she said to a boy, 11 years
old, "I can kick just as well
in a dress as in pants"

                    thank you for the book
                    I said, and your
                    place in it somewhere
near the salt and pepper
and the act
of diving into water
he came back to the surface
and breathed
I always bring water

            to the table and place
it before you
            the whole of the work is
the sound of the work
is the structure of

        breaks   to the surface   breathes

        the dream :
I walk into one sister's
room, to offer counsel.
when leaving, I see the other
in a corner by the door
with a baseball bat. she swings
the bat with all her strength
across my shins.
I wake, screaming, crying /
                as Williams said, the best
thing a man can do for
his son, after he is
born, is to die
and what about a daughter?
does she thrive from death

push herself
into the water without
checking for cold

come out of the corner
swinging?   where are the knots

one must untie?

CARDINAL 3

to utter and to let
  the person in, proper
  burial and the limit
  of passion, absence
  of nothing, there goes
     the cursor, articulate
     light—
tell me of the social,
where it begins and ends,
against the moving point
       please wash before
       entering room or
       field, permission
       to dispense with
       prayer
    came asking, rate of
    response, number of
    pleasures standing
    in a line, dialogue
    with color

CARDINAL 5

the book made to lie down in
has large to be not
       encumbered
but a binding, executed
with hands
       has no pages looking
       for deliverance
never closed despite
  appearances from behind
  spine indicating
  strength and once wet
  or pierced
these are the bodies we
call our own
     having found a way through
     what light brings to
     the eye
     constructed asleep
     in a room
     weightless

CARDINAL 17

as cost to counter—
                    what eye casts
                            and asks
                            hand to go
chart patterns of
                            three and two
                        either trace
                        or make
holes and thread plots
                    place for language
                            (to lead or
                            follow)
                    go from there
                    to anywhere forms
                            translation
meet at the corners
                    where any sound
knows its edge
again

CARDINAL 16

            green
       green
green
       going
          gray
              green
       green
          green
gone
               gift
       green
          there, said

       *   *   *
                       points going
        every *where*
graphing the world
                  this enters
      that point of
order, light

PUSHING WATER 30

what, two?   Watteau
          blue sky   green bowl
somewhere after the fact of language
          a field   a fold
     affluence not to be held against
                    fluency
                 or flow

to talk   relying on the necessity of
     a listener   would it be heard
in a forest   alone
                green   above
                blue   erased

a cluster   accuser   accursed
     black spot   ink or metaphor

strange turning man   the enormous
     tragedy of the dream   emerging
  from a sheet of water
          water   wafer
                    (to live)
to sustain talk over thirty years

thirsty   135 days with
no measurable precipitation
     the javelina scavenge behind the house
     coyote near the schoolyard

no water to push   no wet pores
vapors   what pours   *(Watteau)*
    he came costumed as if in a painting

     where is the substance
       perhaps gone
         to the harbormaster

    call me poet   call me near
     dip me in the water
   not Watteau   or what two
     or what gives

or what if?

                water
relentless and to make   *water*
relentless be let go   *water*
to make push be *allow*
to make love be *forgive*
to make language be *anything but silence*
   and silence too

    we in the stream
    unplug our ears
    in the middle
    of the enormous tragedy

weave in the dream
applaud our fears
inevitable
until our most ragged
        selves answer the question

    it's time again
      green renewal springs
      or minor repairs to the engine

    let us jump the hedgerows
      (hardly hedgerows)
    let us be relentless
    let us be water

look how I look

now

      with an air

CHARLES ALEXANDER's four volumes of poetry include the recent *Certain Slants*, which includes thirty sections of the ongoing work "Pushing Water." Alexander is director of Chax Press in Tucson and recently appeared with Linh Dinh in the program "Readings and Conversations" for the Lannan Foundation, Santa Fe. He is the most recent recipient of the Arizona Arts Award.

MARIE BOREL travels, sometimes lives in Paris, writes, reads, translates, and sometimes photographs. Her books include *Fin de citation* (Spectres familiers), translated into English as *Close Quote* by Keith Waldrop, (Burning Deck Publications), *Le Léopard est mort avec ses taches* (Editions de l'Attente), *Trompe-loup* (Le bleu du ciel), translated into English by Sarah Riggs and Omar Berrad as *Wolftrot*, (La Presse, 2006), *Tombeau des Caraïbes* (Contratmaint), *Le Monde selon Mr Ben* (Fage éditions, 2008) and *Priorité aux canards* (Editions de L'Attente, 2008). She has translated works by Rosmarie Waldrop, Tom Raworth, Lyn Hejinian, and Nancy Kuhl, and five books of the *bible* (Bayard, 2001).

VINCENT BROQUA is a translator, writer, and member of the Franco-American organisation Double Change (www.doublechange.com). He holds a PhD and teaches North American poetry at the University of Paris 12. His articles center on, among others, C. Bergvall, J. Bervin, J. Cage, L. Hejinian, G. Stein, W. Shakespeare, S. Ratcliffe, R. Waldrop, and French poet Jerome Mauche. This text is the third of seven parts of the unpublished poem-novel *Intimidations de la parole*.

FRÉDÉRIC FORTE was born in Toulouse in 1973, and lives and works in Paris. He is a poet and a member of the Oulipo. His publications include *Opéras-minute* (Théâtre Typographique, 2005) and *Comment(s)* (Editions de l'Attente, 2006). He is the co-translator with Bénédicte Vilgrain of *21 poèmes-anagrammes* by the German poet Oskar Pastior, published by Théatre Typographique (2008).

PIERRE JORIS is a poet, translator, essayist, and anthologist. He left his native Luxembourg at nineteen and has since lived in France, England, Algeria, and the United States. He has published over forty books, most recently *Aljibar II* (poems published in a bilingual edition with French translations by Eric Sarner) and *Justifying the Margins: Essays 1990–2006* (Salt Publishing). Recent translations include *Paul Celan: Selections*, and *Lightduress* by Paul Celan, which received the 2005 PEN Poetry Translation Award. With Jerome Rothenberg, he edited the award-winning anthologies *Poems for the Millennium* (volumes I and II).

JEAN-JACQUES POUCEL teaches French language and literature at Yale University. He is the author *Jacques Roubaud and the Invention of Memory* (University of North Carolina Press, 2006) and has completed studies on several members of the Oulipo, some of which are published in *Pereckonings: Reading Georges Perec* (Yale French Studies 105) and *Poetics Today* (September 2010), both of which he coedited. He is a member of the collective Double Change and an editor-at-large for *Drunken Boat*. He is currently working on a study of French lyric poetry from the early nineties to the present. He translates as a means of reading.

SARAH RIGGS, is a poet, translator, and visual artist with four volumes of poetry published: *Waterwork* (Chax Press), *28 télégrammes* and *60 textos* (Editions de l'Attente, translated by Françoise Valéry), and *Chain of Miniscule Decisions in the Form of a Feeling* (Reality Street). She is also the author of *Word Sightings: Poetry and Visual Media in Stevens, Bishop, and O'Hara*, published by Routledge in 2002. The installation of her drawings, *Isibilités*, accompanied by sound, video, and cuisine, took place at the galerie éof in autumn 2007. Member of Double Change and director of Tamaas, she has taught at Columbia University in Paris, and with Omar Berrada, has translated Marie Borel's *Wolftrot* (La Presse, 2006). Her translations of Isabelle Garron's *Face Before Against* (Litmus) and Ryoko Sekiguchi's *Two Markets, Once Again* (Post Apollo) are both forthcoming in 2008.

HABIB TENGOUR is writer and ethnologist born in Mostaganem, Algeria in 1947. He lives and works in Constantine and Paris and teaches at the Université d'Evry val d'Essonne. His recent publications in prose include *Le Maître de l'Heure* (éditions La Différence, 2008) and *Le Vieux de la Montagne suivi de Nuit avec Hassan* (éditions La Différence 2008). His recent poetry includes *Gravité de l'Ange* (2004) and *L'Arc et la Cicatrice* preceded by *Etat de choses* (2006), both published by éditions La Différence in Paris; *Retraite* (2004) with photographs by Olivier de Sépibus, published by éditions Le bec en l'air in Manosque; *Il Sandalo di Empedocle* (*La Sandale d'Empedocle*, translated by Egi Volterrani), Edizioni San Marco dei Giustiniani (bilingual edition), Genova, 2006. He is the editor of the complete poetry of Mohammed Dib, published by éditions La Différence, Paris 2007.

CHARLES ALEXANDER a publié quatre livres de poésie dont récemment *Certain Slants*, qui comprend trente sections du texte en cours « Pousser l'eau ». Il dirige la maison d'édition Chax Press à Tucson. Au côté de Linh Dinh, il a récemment participé à l'émission « Readings and Conversations » de la Lannan Foundation à Santa Fe. Il est le dernier lauréat du Arizona Arts Award.

MARIE BOREL voyage, habite parfois Paris, écrit, lit, traduit, et parfois photographie. Parmi ses livres: *Fin de citation* (Spectres familiers, traduit en anglais par Keith Waldrop (*Close Quote*, Burning Deck Press), *Le Léopard est mort avec ses taches* (éditions de l'Attente), *Trompe-Loup* (Le bleu du ciel), traduit par Sarah Riggs et Omar Berrada (*Wolftrot*, La Presse 2006), *Tombeau des Caraïbes* (Contrat-maint), *Le Monde selon Mr Ben* (Fage éditions, 2008) *Priorité aux canards* (éditions de L'Attente, 2008). Elle a traduit des texts de Rosmarie Waldrop, Tom Raworth, Lyn Hejinian, et Nancy Kuhl et cinq livres de la *bible* (Bayard presse, 2001).

VINCENT BROQUA traduit, écrit, et fait partie de l'association franco-américaine Double Change (www.doublechange.com). Docteur, il est maître de conférences à l'université de Paris 12 où il enseigne la poésie américaine. Ses articles traitent entre autres de C. Bergvall, J. Bervin, J. Cage, L. Hejinian, G. Stein, W. Shakespeare, S. Ratcliffe, R. Waldrop, et J. Mauche. Ce texte est la troisième partie de *Intimidations de la parole*, poème-roman en sept parties.

FRÉDÉRIC FORTE, né en 1973, à Toulouse, vit et travaille à Paris. Il est poète et membre de l'Oulipo. Il a publié notamment *Opéras-minute* (Théâtre Typographique, 2005) et *Comment(s)* (Éditions de l'Attente, 2006). Début 2008 est paru chez Théâtre Typographique 21 *poèmes-anagrammes* du poète allemand Oskar Pastior qu'il a co-traduit avec Bénédicte Vilgrain.

PIERRE JORIS, poète, traducteur, essayiste & anthologiste, a quitté le Luxembourg à dix-neuf ans et a vécu depuis lors en Angleterre, en Algérie, en France, et aux Etats-Unis. Il a publié plus de 40 livres, dont (en 2008) *Aljibar* II (poèmes, édition bilingue avec traduction française de Eric Sarner, éditions PHI) et *Justifying the Margins: Essays 1990–2006* (Salt Publishing). Parmi les traductions récentes: *Paul Celan: Selections*, et *Lightduress* de Paul Celan, qui a obtenu le PEN Poetry Translation Award en 2005. Avec Jerome Rothenberg, il a publié une anthologie en deux volumes de la poésie d'avant-garde mondiale à travers le vingtième siècle, *Poems for the Millennium*, aux Presses Universitaires de Californie.

JEAN-JACQUES POUCEL donne des cours de lettres modernes à Yale University. Il est l'auteur de *Jacques Roubaud and the Invention of Memory* (UNC Press, 2006). Il a publié plusieurs études d'autres œuvres oulipiennes, notamment dans *La Licorne* (numéro sur la 'morale élémentaire') et dans *Lendemain* ("Décrypter Roubaud, II"). Il est membre du collectif Double Change et fait partie du comité de rédaction de *Drunken Boat*. Actuellement il prépare une critique de la poésie lyrique en français depuis le début des années quatre-vingt-dix. La traduction est pour lui une façon de lire.

SARAH RIGGS, née à New York, est poète, plasticienne, et traductrice. Auteur de *Water-work* (Chax), *Chain of Miniscule Decisions in the Form of a Feeling* (Reality Street), *28 télégrammes* et *60 textos* (éditions de l'Attente), elle participe aussi aux associations Double Change et Tamaas. Sa dernière exposition, *isibilités*, était présentée en automne 2007 à la galerie éof, à Paris.

HABIB TENGOUR est né à Mostaganem en 1947. Poèt et anthropologue, il vit entre la France et l'Algérie. Ses textes, proses et poèmes, sont apparus dans des revues au Maghreb, en France, en Europe et aux Etats unis. Ses dernières publications: en prose: *Le Maître de l'Heure* (éditions La Différence, 2008); *Le Vieux de la Montagne suivi de Nuit avec Hassan* (éditions La Différence 2008), et en poésie: *Gravité de l'Ange* (2004) et *L'Arc et la Cicatrice précédée de Etat de choses* (2006), aux éditions La Différence à Paris; *Retraite* (avec des photographies d'Olivier de Sépibus) aux éditions Le bec en l'air à Manosque (2004); *Il Sandalo di Empedocle* (*La Sandale d'Empedocle*, trad. Egi Volterrani), Edizioni San Marco dei Giustiniani (édition bilingue), Genova, 2006. Il a fait l'edition et présentation des œuvres poétiques complètes de Mohammed Dib aux éditions La Différence, Paris 2007.